# Lettres à maman

Ingrid Betancourt
Mélanie et Lorenzo Delloye-Betancourt

# Lettres à maman

## Par-delà l'enfer

PRÉFACE D'ÉLIE WIESEL

Éditions du Seuil
27, rue Jacob, Paris VI^e^

Ce livre est édité par Dominique Simonnet

ISBN 978-2-02-097773-9



www.seuil.com

Préface
d'Élie Wiesel

Lisez cette lettre. Lisez-la bien. La voix qui s'adresse à vous vous tiendra éveillée la nuit.

Son quotidien dans les jungles parmi les adeptes de la violence et de la haine : elle le décrit dans une langue simple et déchirante.

Son sentiment de solitude, sa nostalgie des siens, ses angoisses proches du désespoir.

Emprisonnée, tourmentée, torturée, abandonnée par trop de dirigeants, pendant trop longtemps, enfouie dans les ténèbres lointaines de la terreur, on la croyait muette, morte.

Ses geôliers s'efforcent de la priver de ses dons d'intelligence et de sensibilité. Ils essaient de l'isoler encore plus en la rendant folle.

Mais Ingrid Betancourt reste lucide. Et courageuse, héroïque. Et libre.

Et oui, cette combattante pour la liberté des

hommes « n'a envie de rien pour demeurer au moins libre de désirs ».

Mais ses désirs sont simples et bouleversants : tenir tête aux tortionnaires, aux bourreaux. Face à la brutalité du mal, sauvegarder malgré tout sa dignité, et sa foi en l'homme.

Au nom de son humanité et de la vôtre, je vous demande d'écouter sa voix.

Pour vous, c'est si peu. Pour elle, c'est un message, sinon une émouvante offrande de solidarité.

**Élie Wiesel**

# Lettre d'Ingrid Betancourt

*Ce texte a été rédigé le 24 octobre 2007 par Ingrid Betancourt, retenue en otage dans la jungle colombienne par les Farc (Forces armées révolutionnaires de Colombie) depuis le 23 février 2002. Il est adressé à sa mère, Yolanda Pulecio, ainsi qu'à ses enfants Mélanie et Lorenzo, et à sa famille. Le manuscrit, douze pages d'une écriture régulière et serrée, accompagné d'une vidéo et de photos (en couverture), a été saisi lors de l'arrestation de guérilleros à Bogotá. Une copie a été communiquée par le gouvernement colombien à la famille d'Ingrid en décembre 2007. Cette traduction de l'espagnol a été réalisée avec le concours de Mélanie et Lorenzo Delloye-Betancourt.*

*Ingrid Betancourt, née en 1961, française et colombienne, a été députée puis sénatrice en Colombie où elle a mené une lutte incessante et courageuse contre la corruption et les narco-trafiquants. Elle a été enlevée par les Farc alors qu'elle était candidate à l'élection présidentielle. Avant la réception de cette lettre, sa famille n'avait pas eu de nouvelles ni de preuves de vie depuis l'été 2003.*

Jungle colombienne,
mercredi 24 octobre
8 h 34
par un matin pluvieux, comme mon âme

Ma petite maman chérie adorée,

Tous les jours, je me lève en remerciant Dieu de t'avoir. Tous les jours, j'ouvre les yeux à 4 heures et je me prépare, afin d'être bien réveillée lorsque j'écouterai les messages de l'émission *La Carrilera de las 5*. Entendre ta voix, sentir ton amour, ta tendresse, ta confiance, ton engagement à ne pas me laisser seule, c'est mon espoir quotidien. Tous les jours, je demande à Dieu de te bénir, de te protéger et de me permettre un jour de pouvoir tout te rendre, te traiter comme une reine, à mes côtés, parce que je ne supporte pas l'idée d'être à nouveau séparée de toi.

Ici, la jungle est très épaisse, les rayons du soleil y pénètrent difficilement. Mais c'est un désert d'affection, de solidarité, de tendresse, et c'est la raison pour laquelle ta voix est le cordon ombilical qui me relie à la vie. Je rêve de t'embrasser si fort que je demeurerais incrustée en toi. Je rêve de pouvoir te dire « Maman, *mamita*, plus jamais tu ne pleureras pour moi, ni dans cette vie ni dans l'autre ». J'ai demandé à Dieu qu'il me permette un jour de te prouver tout ce que tu signifies pour moi, de pouvoir te protéger et de ne pas te laisser une seconde toute seule. Dans mes projets de vie, si un jour je retrouve la Liberté, je veux, *mamita*, que tu songes à vivre avec nous, ou avec moi. Plus jamais de messages, plus jamais de téléphone, plus jamais de distance, je ne veux plus qu'un seul mètre nous sépare, parce que je sais que tous peuvent vivre sans moi, sauf toi. Je me nourris chaque jour de l'espoir d'être ensemble, et nous verrons comment Dieu nous montrera la voie, comment nous nous organiserons, mais la première chose que je veux te dire, c'est que, sans toi, je n'aurais pas tenu jusque-là.

Tous les jours, tu me demandes comment est ma vie. Je sais que Pinchao[1] t'a donné beaucoup de détails, et je le bénis et le remercie de t'avoir tout raconté. J'ai une grande admiration pour Pinchao. Ce qu'il a réussi est héroïque. Un jour, si Dieu le veut, je le serrerai très fort dans mes bras, ce que je n'ai pas pu faire quand il s'est évadé du campement. Aide-le autant que tu peux. Surtout s'il a besoin de demander l'asile. Dis-lui combien je l'aime et que j'ai prié Dieu pour qu'il survive à son exploit. Bon, depuis que Pinchao s'est évadé, nos conditions se sont encore détériorées. Les règles sont devenues draconiennes, et c'est terrible pour moi. Ils m'ont séparée de ceux avec qui je m'entendais le mieux, avec qui j'avais des affinités et pour qui j'éprouvais de l'affection, et ils m'ont mise dans un groupe humainement très difficile.

*Mamita,* je suis fatiguée, fatiguée de souffrir. J'ai été, ou j'ai tenté d'être forte. Ces six années de captivité, ou presque, m'ont démontré que je ne suis ni aussi résistante ni aussi courageuse, intelligente et forte que je le pensais. J'ai mené beaucoup de batailles, j'ai tenté de m'enfuir à plusieurs reprises, j'ai essayé de garder espoir comme on garde la tête hors de l'eau. Mais aujourd'hui, *mamita*, je me sens vaincue. Je voudrais penser qu'un jour je sortirai d'ici, mais je me rends compte que ce qui est arrivé aux députés[2], et qui m'a fait si mal, peut m'arriver à tout moment. Je pense que cela serait un soulagement pour tout le monde.

Je sens que mes enfants mènent une vie en suspens en attendant que je sois libre, et ta souffrance quotidienne, celle de tout le monde, fait que la mort m'apparaît comme une option douce. Rejoindre papa[3], dont je n'ai jamais achevé le deuil : tous les jours, depuis quatre ans, je pleure sa mort. Je crois toujours que je vais finir par m'arrêter de pleurer, que c'est désormais cicatrisé. Mais la douleur revient et se jette sur moi comme un chien déloyal, et de nouveau je sens mon cœur se briser en mille morceaux. Je suis fatiguée de souffrir, de porter cette douleur en moi chaque jour, de me mentir à moi-même en pensant que tout cela aura peut-être une fin, et de constater que chaque jour équivaut à l'enfer du précédent. Je pense à mes enfants, à mes trois enfants, à Sébastien[4], à Mela et à Loli[5]. Tant de vie s'est écoulée entre nous, comme si la terre ferme était happée par la distance. Ils sont les mêmes et ne le sont plus. Chaque seconde de mon absence où je ne peux être là pour eux, pour soigner leurs blessures, pour les conseiller, leur donner de la force, de la patience et de l'humilité pour affronter la vie, toutes ces occasions perdues d'être leur maman empoisonnent mes moments d'infinie solitude, c'est comme si on m'injectait du cyanure dans les veines, goutte à goutte.

*Mamita*, c'est un moment très dur pour moi. Tout à coup, ils veulent des preuves de vie, et je t'écris, mon âme tendue sur ce papier. Je vais mal physiquement. Je ne mange plus, j'ai perdu l'appétit, mes cheveux tombent en grande quantité. Je n'ai envie de rien. Je crois que la seule bonne chose, c'est ça : n'avoir envie de rien. Car ici, dans cette jungle, l'unique réponse à tout est « Non ». Mieux vaut donc ne rien vouloir pour demeurer au moins libre de désirs. Cela fait trois ans que je demande un dictionnaire encyclopédique pour lire quelque chose, apprendre quelque chose, maintenir vive la curiosité intellectuelle. Je continue à espérer qu'au moins par compassion, ils m'en procureront un, mais il vaut mieux ne pas y penser. Ici, chaque chose est un miracle. Entendre ta voix chaque matin est un miracle, car ma radio est très vieille et abîmée. Essaie toujours de passer, comme tu le fais, en début d'émission, car, ensuite, il y a beaucoup d'interférences et à partir de 5 h 20 je ne peux que deviner ce que tu me dis. Et quand il y a une information importante (comme le mariage d'Astrid), répète-la au fil des messages. Je n'ai appris le mariage d'Astrid et de Daniel qu'il y a deux ans, à Noël. Tu me l'avais sûrement mentionné, mais, ce message, je ne l'avais pas entendu !!!

À propos de radio, je voudrais te demander, *mamita* chérie, de dire aux enfants que j'aimerais qu'ils m'envoient trois messages hebdomadaires, les lundis, mercredis et vendredis. Qu'ils t'envoient deux lignes sur ton e-mail et, toi, tu me les liras. Rien de transcendant, ce qui leur viendra à l'esprit ou ce qu'ils auront envie d'écrire en vitesse, du genre « Maman, aujourd'hui, il fait très beau, je vais déjeuner avec Maria, je l'aime beaucoup, je suis sûre qu'elle te plaira » ou « Je suis épuisée mais, aujourd'hui, j'ai appris plein de choses dans un cours que j'adore, sur les nouvelles techniques de cinéma ». Je n'ai besoin de rien d'autre, seulement d'être en contact avec eux. Chaque jour, j'attends avec impatience que tu parles d'eux ou que tu me dises si tu as parlé avec eux. C'est ce qui m'apporte le plus de joie, la seule chose qui réellement m'importe, la seule information vitale, transcendante, indispensable, le reste ne m'importe plus. Je voudrais que Sébastien m'écrive lui aussi. Je veux savoir où il en est de son travail, de sa vie affective, etc., etc. Je suis d'accord à 100 % pour que tu ne m'appelles pas à l'aube, le dimanche[6]. Je souffre beaucoup à l'idée que tu veilles toute la nuit, que tu attendes pendant des heures, que tu te fatigues… Je continue d'écouter l'émission par solidarité avec les autres, mais je serais plus tranquille de te savoir bien au chaud dans ton lit.

Bon, comme je te le disais, la vie ici n'est pas la vie, c'est un gaspillage lugubre du temps. Je vis ou survis dans un hamac tendu entre deux piquets, recouvert d'une moustiquaire et d'une tente qui fait office de toit et me permet de penser que j'ai une maison. J'ai une tablette où je mets mes affaires, c'est-à-dire mon sac à dos avec mes vêtements et la Bible, qui est mon seul luxe. Tout est prêt pour qu'on parte en courant. Ici rien n'est à soi, rien ne dure, l'incertitude et la précarité sont l'unique constante. À tout moment, ils peuvent donner l'ordre de faire son paquetage, et chacun doit dormir au fond de n'importe quel trou, étendu n'importe où, comme un animal. Ces moments sont particulièrement difficiles pour moi. Mes mains deviennent moites, mon esprit s'embrume, je finis par faire les choses deux fois plus lentement qu'à la normale. Les marches sont un calvaire car mon équipement est très lourd et j'arrive à peine à le porter. Parfois, les guérilleros me prennent certaines choses pour en alléger le poids mais me laissent « les pots », c'est-à-dire ce qui est nécessaire à notre toilette et qui est le plus lourd. Tout est stressant, je perds mes affaires ou ils me les confisquent, comme le jeans que Mela m'avait offert pour Noël, que je portais quand ils m'ont enlevée. Je ne l'ai plus jamais revu. L'unique chose que j'ai pu sauver, c'est la veste, et cela a été une bénédiction, car les nuits sont glaciales, et je n'avais rien d'autre pour me protéger du froid. Avant, j'adorais me baigner dans le fleuve. Comme je suis la seule femme du groupe, je dois y aller presque tout habillée : short, chemise, bottes ! Comme nos petites grands-mères d'autrefois. Avant j'aimais nager dans le fleuve, mais maintenant je n'ai même plus le souffle pour le faire. Je suis faible, frileuse, je ressemble à un chat face à l'eau. Moi qui aimais tant l'eau, je ne me reconnais plus. Durant la journée, j'avais l'habitude de faire deux heures d'exercice, parfois trois. Je m'étais inventé un appareil, une sorte de petit banc fait avec des branches, que j'ai appelé *step*, en pensant aux exercices du gymnase : l'idée était de monter et descendre, comme s'il s'agissait d'une marche. Il avait l'avantage de prendre peu de place. Parce que, parfois, les campements sont si petits que les prisonniers sont pratiquement les uns sur les autres. Mais depuis qu'ils ont séparé les groupes, je n'ai ni l'envie ni l'énergie de faire quoi que ce soit. Je fais un peu d'étirements, car le stress me bloque le cou, et cela me fait très mal. Avec les exercices d'étirement, le *split* et le reste, je parviens à détendre un peu mon cou. Voilà toute mon activité, *mamita*. Je fais en sorte de rester silencieuse, je parle le moins possible pour éviter les problèmes. La présence d'une femme au milieu d'hommes qui sont prisonniers depuis huit ou dix ans est un problème. J'écoute RFI et la BBC, j'écris très peu parce que les cahiers s'accumulent et les porter est une vraie torture : j'ai dû en brûler au moins quatre. De plus, lors des inspections, ils nous prennent ce à quoi on tient le plus. Une lettre de toi qui m'était parvenue m'a été retirée après la dernière preuve de vie, en 2003. Les dessins d'Anastasia et de Stanis[7], les photos de Mela et de Loli, le scapulaire de papa, un programme de gouvernement en 190 points que j'avais annoté au fil des années, ils m'ont tout pris. Chaque jour, il me reste un peu moins de moi-même. Les autres détails t'ont été racontés par Pinchao. Tout est dur. C'est la réalité.

Il est important que je dédie ces lignes à ceux qui sont mon oxygène, ma vie. À ceux qui me maintiennent la tête hors de l'eau, qui ne me laissent pas couler dans l'oubli, le néant et le désespoir. Ce sont toi, mes enfants, Astrica [8] et ses petits, Fab [9], Tante Nancy et Juanqui [10]. À mes trois enfants, Sébastien, Mela et Loli, donne-leur avant tout ma bénédiction, qu'elle les accompagne à chaque pas. Chaque jour, je me confie à Dieu, Jésus et la Vierge. Je recommande mes enfants à Dieu afin que la foi les accompagne toujours et qu'ils ne s'écartent jamais de Lui. Dis-leur qu'ils ont toujours été une source de joie pendant cette captivité si dure. Ici, tout a deux visages, la joie se mêle à la douleur, le bonheur est triste, l'amour apaise et ouvre de nouvelles blessures ; se souvenir, c'est vivre et mourir à nouveau.

Pendant des années, je n'ai pas pu penser aux enfants, parce que la douleur de la mort de papa absorbait toute ma capacité de résistance. Quand je pensais à eux, j'avais l'impression d'étouffer, je ne pouvais plus respirer. Alors, je me disais : « Fab est là, il veille à tout, il ne faut pas penser, il ne faut pas penser. » À la mort de papa, j'ai failli devenir folle. J'ai besoin de parler avec Astrica pour faire le deuil. Je n'ai jamais su comment cela s'est passé, qui était là, s'il m'a laissé un message, une lettre, sa bénédiction. Mais ce qui, au fil du temps, a soulagé mon tourment a été de penser qu'il est parti confiant en Dieu et qu'un jour je le serrerai à nouveau dans mes bras. J'en suis sûre. *Mamita*, te sentir forte à ce moment-là a été ma force. Je n'ai entendu des messages que lorsqu'ils m'ont mise dans le groupe de « Lucho » Eladio Pérez[11], le 22 août 2003, date anniversaire de sa fille Carope. Nous avons été de grands amis, ils nous ont séparés en août. Mais durant tout le temps passé ensemble, il a été mon soutien, mon protecteur, mon frère. Dis à Angela, Sergio, Laura, Marianita et à Carope que je les garde dans mon cœur, comme s'ils étaient de ma famille. À partir de cette date, j'ai écouté les messages que tu m'adresses avec une incroyable ténacité, jamais tu ne m'as fait défaut. Dieu te bénisse. Je te disais que, pendant des années, je n'ai pas pu penser aux enfants parce que je souffrais horriblement de ne pouvoir être avec eux. Aujourd'hui, je peux les entendre et ressentir plus de joie que de douleur. Je les cherche dans mes souvenirs, et je me nourris des images que j'ai gardées dans ma mémoire, à chacun de leurs âges. À chaque anniversaire, je leur chante *Happy Birthday* et je demande la permission de faire un gâteau. Auparavant, ils se montraient compréhensifs et je pouvais faire quelque chose. Mais depuis trois ans, lorsque je réitère ma demande, la réponse est non. Ça m'est égal. S'ils viennent avec un biscuit ou l'habituelle ration de riz et de haricots, je me figure que c'est un gâteau, et je fête leur anniversaire dans mon cœur. Je veux que vous sachiez que le 8 avril, le 6 septembre et le 1er octobre sont sacrés pour moi. Je fête aussi le 31 décembre, le 18 juillet, le 9 août, le 1er septembre, et aussi le 24 juin et le 31 octobre, dates anniversaire de Tante Nancy et de Pacho. J'espère ne pas m'être trompée.

À ma Mela, mon soleil de printemps, ma princesse de la constellation du Cygne, à elle que j'aime tant, je veux dire que je suis la maman la plus fière du monde. J'ai eu tellement de chance que Dieu me donne ces enfants, et ma Mela est le grand prix de ma vie. Quand elle avait cinq ans, elle me tenait déjà tête avec intelligence et affection, et depuis ce jour, j'ai une admiration sans bornes pour elle. Elle est pleine de sagesse et d'intelligence. Et si je devais mourir aujourd'hui, je partirais satisfaite de la vie, en remerciant Dieu pour mes enfants. Je suis heureuse pour son Master à New York. C'est exactement ce que je lui aurais conseillé. Le cinéma est sa passion, et je suis à 100 % d'accord avec elle en tout. Mais, attention, il est très important qu'elle fasse son DOCTORAT. Dans le monde d'aujourd'hui, il faut des diplômes, même pour respirer. Faire son doctorat, c'est avoir d'autres aspirations, entrer dans un autre monde, plus exigeant, plus discipliné, c'est fréquenter les meilleurs parmi les meilleurs. Je ne me lasserai jamais d'insister auprès de Loli et de Mela pour qu'ils n'abandonnent pas avant d'avoir leur Ph-D. J'aimerais que Mela me le promette, qu'elle me promette de chercher sur Internet, dès maintenant, même si cela lui semble lointain, et de regarder les sites de Harvard, Stanford, Yale, etc., et de voir quels doctorats ils proposent. Dans la matière qui lui plaira, dans ce qui l'intéresse le plus, histoire, philosophie, archéologie, théologie, qu'elle cherche, rêve et s'enthousiasme, et en fasse sa mission personnelle. Je sais qu'elle veut travailler ; tout le monde est chatouillé par l'envie de se mettre au travail, de commencer à produire quelque chose, de vouloir savoir qui on est en réalité, et cela doit faire partie de ses projets de vie. Plus on est fort, plus on y arrive, plus les occasions se présentent, plus grand est le monde auquel on aspire. Ma Mela, tu sais bien que tout cela est vital. J'ai trouvé formidable que tu fasses de la philo à la place de Sciences-Po. J'ai trouvé formidable que tu te sois mise à l'italien et au russe et, si l'occasion m'en est donnée, si la vie me le permet, j'essaierai de te rattraper. Je suis ton fan nº 1, les mots me manquent pour te dire combien je valorise ton parcours, la lucidité de tes décisions, la maturité avec laquelle tu as choisi ta voie et la façon dont tu la suis. Je sais que l'école de cinéma où tu es inscrite est un *must* et je te tire mon chapeau. Je t'ai toujours dit que tu étais la meilleure, que tu es bien meilleure que moi, que tu es ce que j'aurais voulu être, mais en mieux. C'est pourquoi, forte de l'expérience que j'ai accumulée dans la vie et avec le recul que donne le monde vu à distance, je te demande, mon amour, de te préparer pour atteindre le sommet.

À mon Lorenzo, mon Loli Pop, mon ange de lumière, mon roi des eaux bleues, mon *chief musician* qui chante et m'enchante, au maître de mon cœur, je veux dire que depuis qu'il est né jusqu'au jour d'aujourd'hui, il a été la source de mes joies. Tout ce qui vient de lui est du baume pour mon cœur, tout me réconforte, tout m'apaise, tout me donne plaisir et tranquilité. C'est mon enfant chéri, mon petit bout de soleil. Comme j'ai envie de le voir, de l'embrasser, de le prendre dans mes bras et de l'entendre ! Cette année, j'ai enfin pu entendre sa voix une ou deux fois. J'en ai tremblé d'émotion. C'est mon Loli, la voix de mon enfant, mais il y a une voix d'homme qui couvre cette voix d'enfant. Une grosse voix d'homme, rauque, comme celle de papa. Aurait-il aussi hérité de ses mains, ces grandes et belles mains qui me manquent tellement ? Dieu m'aurait-il fait ce double cadeau ? L'autre jour, j'ai découpé une photo dans un journal arrivé par hasard. C'est une publicité pour un parfum de Carolina Herrera, *212 Sexy men*. On y voit un jeune homme, et je me suis dit : « Mon Lorenzo doit être comme ça. » Et je l'ai gardée. Je t'aime tant, mon amour ! Je me souviens du jour où tu as chanté sur la terrasse du Planetario, j'ai toujours su que tu avais une âme d'artiste et une voix d'ange. Je rends grâce à Dieu de savoir que tu joues de la guitare comme un dieu. Tu te souviens du professeur qui venait te donner des cours à la maison quand tu étais petit ? Je te vois encore ! J'étais toujours intriguée quand elle me disait que tu étais un très bon élève, alors que je ne t'entendais jamais jouer. Mais je me souviens de tes petits yeux qui brillaient quand la professeur arrivait ou quand elle s'en allait. Je m'en souviens tout le temps. De ça et de bien d'autres choses, mon cœur. J'ai tellement envie de me blottir contre toi et de dormir en te serrant contre moi, comme on le faisait avant qu'ils ne m'enlèvent. J'ai tellement envie de te couvrir de baisers. Et de t'entendre. De parler avec toi pendant des heures et que tu me racontes tout ; et que, moi, je te raconte tout. J'ai su que tu avais eu 13,75 au bac. Tu as fait mieux que moi. Comme je suis fière de toi, mon cœur, de ton double diplôme en droit et en économie à la Sorbonne. Excellent. Je suis ravie. Je pense que tu ne devrais pas écarter Sciences-Po. Ce sont les mêmes matières, surtout si tu choisis la section éco-fi. Penses-y, tu pourrais te présenter à l'examen en septembre 2008, avec derrière toi un an de Sorbonne. C'est une école prestigieuse, qui t'ouvrira toutes les portes. Et tu peux réussir, tu es brillant. Une chose encore : ne néglige pas la musique. Tu as ça dans tes gènes. Et comme pour Mela, j'insiste, Master et Ph-D. Vous avez la vie devant vous, cherchez à vous hisser le plus haut possible. Étudier, c'est grandir : non seulement parce qu'on apprend, mais aussi parce que c'est une expérience humaine, parce qu'autour de vous, les gens vous enrichissent émotionnellement, en vous obligeant à un plus grand contrôle de soi, et spirituellement, en vous modelant un caractère au service d'autrui, où l'ego se réduit à sa plus minime expression et laisse la place à l'humilité et à la force morale. L'un ne va pas sans l'autre. C'est cela vivre : grandir pour être au service des autres. Voilà pourquoi ta musique est si importante. Grâce à elle, tu peux apporter bonheur, compassion, solidarité, engagement. Et grâce à tes études, tu pourras comprendre comment fonctionne notre société, ses codes, ses règles et trouver les solutions pour parvenir à un monde meilleur. À tous les deux, je vous dis la même chose : je suis trop heureuse d'être la maman d'êtres humains aussi formidables, qui m'émerveillent tellement. Je suis à 100 % avec toi, mon cœur. Avec toi pour tout, et pour tout ce que tu voudras. Oui, je suis ta fan n° 1, et j'ai même découpé la photo de mon idole, comme une adolescente ! Merci de me donner tant de bonheur.

À mon Sébastien adoré, mon Babou bleu, mon petit prince des voyages astraux et ancestraux, j'ai tellement de choses à dire! Premièrement, que je ne veux pas quitter ce monde sans qu'il ne soit sûr et certain et n'ait la conviction absolue que ce ne sont pas deux, mais trois enfants chéris que Dieu m'a donnés et qu'ils sont inscrits comme tels sur le registre de la vie. Je le porte en moi, tous les jours, je me souviens de lui tel que je l'ai vu la première fois, déguisé en Zorro, il avait cinq ans et ses petits yeux bleus découvraient un monde qui changeait trop vite. Je voudrais parler des heures avec lui, comme je voudrais parler des heures avec ma Mela et des heures avec mon Loli. Mais avec lui, il me faudra dénouer des années de silence qui me pèsent trop depuis ma captivité. J'ai décidé que ma couleur favorite était le bleu de ses yeux, avec une touche du mauve clair du paréo dont il m'a fait cadeau, il y a de cela des années, aux Seychelles. Je m'habillerai de mauve clair quand je quitterai le vert-prison de cette jungle. Je veux qu'il m'apprenne à danser le *Moonwalk*, je veux apprendre tant de choses de lui. Mais par-dessus tout, je veux qu'il sache que je pense qu'il est très beau, comme sa maman, très intelligent, comme son papa, et qu'il possède mon caractère, ce qui parfois peut être un avantage. Mais en général, c'est un grand Karma. C'est pourquoi chaque fois que je pense à toi, mon cœur, je ris de nous deux, je ris de toi et je ris de moi. Nous avons tourné en rond pour arriver exactement là où nous avions commencé : nous nous aimons de toute notre âme. Oui, mon Babou, il faut que je te parle, pour te demander pardon pour tous ces moments où je n'ai pas été à la hauteur, pardon pour mon manque de maturité alors que je devais te protéger et te draper dans mon amour et te donner des forces pour la vie. Pardon de ne pas avoir osé aller vers toi et te dire que tout peut changer, sauf mon amour pour toi. Je t'écris tout cela pour que tu le gardes dans ton âme, mon Babou adoré, au cas où je ne parviendrais pas à sortir d'ici, et pour que tu comprennes ce que j'ai compris quand ton frère et ta sœur sont nés : je t'ai toujours aimé comme le fils que tu es et que Dieu m'a donné. Le reste n'est que formalités.

À présent, là, tout de suite, il me faut parler de mon Fab. Comment ne pas lui dire que nos enfants sont mon bonheur. Que les moments les plus heureux de ma vie portent la marque de son amour, de sa présence, de sa personnalité, de sa vitalité, nos enfants sont lumineux. Comme l'a dit papa à Astrid et à moi, « ce sont des splendeurs » !! Et je m'adresse à Fab parce que c'est à lui que je dois tout cela : ma vie nouée au fil de cet amour inconditionnel qui ne s'est jamais rompu, de ce serment éternel que nous nous sommes fait à Mongui de nous aimer par-dessus tout et que nous n'avons jamais brisé. Seul l'amour peut expliquer ce que nous sommes, lui et moi. Il ne s'agit ni de conventions ni des rituels du monde, mais de l'esprit de l'amour de Dieu, qui donne tout sans condition. Je sais que Fab a beaucoup souffert à cause de moi. Mais que sa souffrance soit soulagée en sachant qu'il a été une source de paix pour moi. Dieu nous a envoyé cette épreuve afin que nous en sortions grandis, que nous soyons humainement meilleurs et que nous écartions tout ce qui est inutile et encombre l'âme. Ce chemin nous le faisons ensemble, même si nous sommes séparés, et nos efforts, notre combat, sont comme une lumière pour nos enfants. Fab est ma plus grande consolation ; parce qu'il est là, je sais que mes enfants vont bien, et s'ils vont bien, le reste n'est pas grave. Dis-lui que je me repose sur lui, que je pleure sur son épaule, que je m'appuie sur lui pour continuer à sourire de tristesse, et que son amour me rend forte. Parce qu'il fait face aux besoins de mes enfants, je peux cesser de respirer sans que la vie ne me fasse trop mal. *Mamita*, je sais aussi que si tu as besoin de quoi que ce soit, Fabrice sera là pour toi comme il l'a toujours été pour moi, je sais que Fab s'occupe de l'endroit où vit Mela et de l'endroit où vit Loli. Alors je m'angoisse moins. Je suis si fière de la manière dont il se bat pour moi. Plusieurs fois je l'ai entendu à la radio, et je l'ai embrassé du fond du cœur à chacun de ses mots quand sa voix se brisait et quand je pleurais en mon for intérieur pour que personne ne le remarque. Merci, mon Fab, tu es merveilleux.

À mon Astrica, tant de choses, que je ne sais par où commencer. Tout d'abord, lui dire que « sa feuille de vie » m'a sauvée pendant la première année de captivité, pendant l'année du deuil de papa. Elle seule peut comprendre ce que la mort de papa a signifié pour moi. Ma consolation sera toujours de savoir qu'elle était à ses côtés et qu'à travers elle, je l'étais aussi. J'ai tant besoin de parler avec elle de tous ces moments, de la prendre dans mes bras et de pleurer jusqu'à ce que se tarisse le puits de larmes qu'est mon cœur. Elle est un exemple pour tout ce que je fais dans la journée. Je pense toujours : « Ça, je le faisais avec Astrid quand nous étions petites » ou : « Ça, Astrid le faisait mieux que moi ». Ou : « Si Astrid était là. » Ou : « Dieu merci,

Astrid n'a pas vu ça, elle en serait morte de dégoût ou de peur», etc. Comme je comprends à présent ses réactions, quand il y avait des choses qu'elle n'aimait pas ou qu'elle ne supportait pas. Comme je comprends maintenant que mes mots ou mon comportement aient pu l'agacer. Je comprends tellement mon Astrica et je me sens si près, tout près d'elle. Je l'ai entendue plusieurs fois à la radio. Je ressens beaucoup d'admiration pour sa façon impeccable de s'exprimer, pour la qualité de ses réflexions, pour la maîtrise de ses émotions, pour l'élégance de ses sentiments. Je l'entends et je pense: «Je veux être comme ça.» J'ai toujours pensé qu'elle était très supérieure à moi intellectuellement. Et de plus, au long de toutes ces années, j'ai découvert la sagesse qui émane d'elle et rayonne quand elle parle. Voilà pourquoi je n'ai de cesse de remercier Dieu. Je sais que je lui dois beaucoup, à elle et à Daniel. Vous ne pouvez imaginer comme j'ai été heureuse quand j'ai appris qu'elle s'était mariée. Je sais que, là-haut, papa est heureux, comme moi dans cette jungle. Pour moi, Daniel est un être à part, et si on m'avait demandé mon avis, j'aurais voulu que ce soit lui le mari d'Astrid, le «papa adoptif» d'Anastasia et de Stanis, lui, mon beau-frère. J'aime son intelligence, sa bonté et sa prudence. Ces trois qualités sont rarement réunies chez une personne mais, quand c'est le cas, elles forcent l'admiration et le respect. J'ai de l'admiration et du respect pour Daniel. Quelle merveilleuse famille, Dieu fait bien les choses. J'imagine qu'ils profitent d'Anastasia et de Stanis… Ça m'a fait très mal qu'on me confisque leurs dessins. Le poème d'Anastasia disait: « Par un tour de force, un tour de magie ou un tour du bon Dieu, dans trois ans ou dans trois jours, tu seras de retour parmi nous. » Et le dessin de Stanis représentait un sauvetage en hélicoptère, moi endormie dans une cachette identique à celles d'ici, et lui en sauveur. J'adore mes deux petits comme mes propres enfants. Aussi parce qu'Anastasia me ressemble, même si elle monte beaucoup mieux à cheval que moi. Je veux prendre des cours avec elle à l'École militaire. Et parce que Stanis est mon filleul et que je dois l'emmener manger une glace sur les Champs-Élysées. Quels enfants merveilleux! Profites-en, Astrid, chaque âge est un poème qui s'efface une fois lu. Prends des photos, fais des vidéos, je devrais dire des DVD. En matière de technologie, j'ai du retard. Fais-le, afin qu'un jour je puisse les voir à des âges différents. Je me souviens de Stanis, déguisé en mousquetaire, qui me mettait la pointe de son épée dans l'œil, et de papa qui était heureux comme tout de fêter ses pitreries. Ce sont des trésors chers à mon cœur. Ils me manquent beaucoup, beaucoup, beaucoup.

À Juanqui : « Où es-tu ? » Je ne l'entends que de temps en temps. J'aime qu'il m'envoie des messages, qu'il me parle des enfants et ça, il le sait, c'est un pur bonheur pour moi. Je sais que cette séparation est cruelle et difficile, je comprends tout et je l'aime comme le jour où nous avons compté les étoiles filantes, allongés sur la plage. Dis-lui qu'il soit en paix avec lui-même et avec moi. Que si la vie nous le permet, nous sortirons de cette épreuve encore plus forts qu'avant.

Je voudrais dire à Tante Nancy que je pense constamment à elle et que je la porte dans mon cœur. Être à tes côtés est ce qu'elle a fait de mieux pour moi. Je prie pour avoir l'occasion de lui prouver que je l'aime, que je la sens mienne, qu'elle est pour moi une autre maman. À travers elle, j'envoie tout mon amour à tous et à toutes : Danilo, Maria Adelaída, Sebás et Tomás, Alix et Michael, Jonathan, Matthew et Andrew, Pacho, Cuquín et sa fiancée. Je suis contente que Pacho soit rentré en Colombie. Comme j'aimerais être là pour l'aider à démarrer. Pedro le fera sans aucun doute beaucoup mieux que je n'aurais pu le faire. Et comme j'aurais aimé assister à ce repas avec Toño. Ce devait être comme un retour en arrière. Je les aime tous tellement. Je suis certaine que pour Pacho tout va aller très bien. Je reçois toute l'énergie qu'il m'envoie avec « Nanmyoho Rengékio[12] ».

*Mamita*, il y a tant de gens que je voudrais remercier de se souvenir de nous, de ne pas nous avoir abandonnés. Pendant longtemps, nous avons été comme les lépreux qui gâchent la fête. Les otages ne sont pas un sujet « politiquement correct », cela sonne mieux de dire qu'il faut être fort face à la guérilla, quitte à sacrifier quelques vies humaines. Face à cela, le silence. Seul le temps peut réveiller les consciences et élever les esprits. Je pense à la grandeur des États-Unis, par exemple. Cette grandeur n'est pas le fruit de la richesse de la terre ou des matières premières, etc., mais celui de la grandeur d'âme des dirigeants qui ont modelé cette nation. Quand Lincoln a défendu le droit à la vie et à la liberté des esclaves noirs en Amérique, il a dû faire face à des problèmes comme ceux de Florida et de Pradera[13], s'opposer à des intérêts économiques et politiques que d'aucuns considéraient plus importants que la vie et la liberté d'une poignée de Noirs. Mais Lincoln a gagné et, aujourd'hui, la priorité de la vie humaine sur tout intérêt économique et politique fait partie de la culture de cette nation. En Colombie, nous devons encore penser à nos origines, à ce que nous sommes et où nous voulons aller. Moi, j'aspire à ce qu'un jour nous ayons cette soif de grandeur qui fait surgir les peuples du néant et les propulse vers le soleil. Le jour où nous défendrons la vie et la liberté des nôtres sans faire de concession aucune, c'est-à-dire quand nous serons moins individualistes et plus solidaires, moins indifférents et plus engagés, moins intolérants et plus compatissants, alors, ce jour-là, nous serons la grande nation que nous appelons tous de nos vœux. Cette grandeur est là, endormie dans les cœurs. Mais les cœurs se sont endurcis et pèsent si lourd qu'ils ne nous permettent pas d'élever nos sentiments.

Il y a pourtant beaucoup de gens que je voudrais remercier car ils ont contribué à réveiller les esprits et à faire grandir la Colombie. Je ne peux pas tous les mentionner, mais je citerai le président Alfonso Lopez et en général tous les présidents libéraux. Le président Lopez parce que sa mort a été pour nous une grande douleur. Je regrette aussi de ne plus pouvoir embrasser

Hernan Echevarría, qui m'a tant appris et à qui je dois tant; que ce soit ici l'occasion d'exprimer mon admiration et ma profonde affection aux familles des députés, Juan Carlos Narvaez, Alberto Giraldo, Alberto Barraga, Alberto Quintero, Ramiro Echeverry, John Jairo Hoyos, Edinson Pérez. Je prie pour chacun d'eux, je ne les oublie pas, en hommage à la vie qui est en moi et qui leur appartient.

*Mamita*, hélas, ils viennent ramasser les lettres. Je ne vais pas pouvoir écrire tout ce que je voudrais. À Piedad et à Chavez, toute, toute mon affection et mon admiration. Nos vies sont là, dans leur cœur, que je sais grand et valeureux. Je voudrais dire tant de choses au président Chavez, combien j'aime sa spontanéité et sa générosité quand je l'entends à la radio dans l'émission *Aló Presidente*. Les enfants qui ont chanté pour lui des *vallenatos* m'ont émue, c'était un merveilleux moment de tendresse et de fraternité entre Colombiens et Vénézuéliens. Je le remercie de s'intéresser à notre cause, qui attire si peu l'attention, parce que la douleur d'autrui n'intéresse personne quand elle fait partie des statistiques. Merci Monsieur le Président.

Merci également à Alvaro Leyva. Il était proche de réussir, mais les guerres contre la liberté de cette poignée d'oubliés sont comme un ouragan qui arrache tout sur son passage. Elles n'intéressent personne. Son intelligence, sa noblesse, sa constance en ont fait réfléchir plus d'un et, ici, il s'agit moins de la liberté de quelques pauvres fous prisonniers dans la jungle que de prendre conscience de ce que signifie défendre la dignité humaine. Merci Alvaro.

Merci à Lucho Garzón pour son engagement, sa compassion, sa générosité et sa constance. Ici aussi, les lucioles éclairent la forêt à l'heure d'un concert. Ici aussi, nous chantons avec la voix de l'espérance.

Merci à Gustavo Petro pour s'être souvenu de nous en affichant des photos, en prononçant des discours chaque fois qu'il le peut. Merci à tous les amis qui nous aident par leurs déclarations de soutien, au Polo, du Parti libéral. Merci à tous de ne pas nous laisser dans l'oubli, de refuser qu'on oublie les otages.

J'ai entendu à plusieurs reprises Juan Gabriel Uribe mettre ses connaissances et son intelligence au service d'une possible libération. De même à Sahiel Hernández et à Claudia López. Merci.

Merci et bravo à ceux qui ont reçu le prix Bolívar, et n'ont jamais cessé de défendre la cause de la liberté. En particulier, merci à Julio Sánchez Cristo pour son engagement et sa tendresse. Merci à Daniel Coronel pour son courage et sa constance et merci encore à Juan Gabriel Uribe pour ses réflexions constructives et son immense compassion.

Nous devons beaucoup aux médias. Grâce à eux, nous ne sommes pas devenus fous dans la solitude de la jungle. Mes félicitations à Erwin Hoyos pour son prix, et mes remerciements et mon admiration pour son émission *Las Voces del secuestro*, dont les milliers d'heures passées à transmettre les messages de nos familles ont été pour nous des milliers d'heures sans angoisse ni désespoir. Que Dieu le bénisse.

Merci à Nelson Bravo, Hernando Obando, Manuel Fernando Ochoa et à l'équipe *La Carrilera de las 5*. Tout au long de ces interminables années, nous avons eu la force de garder les yeux grands ouverts grâce au *jingle* de l'émission, heureux prélude au seul contact qui nous reste avec nos familles. Que Dieu nous donne un jour la possibilité de les embrasser et de leur rendre une partie de l'énergie que leur voix a inoculée dans nos cœurs, chaque jour de chaque mois de chaque année de cette terrible captivité.

Je voudrais dire aussi à Dario Arizmendi qu'ici

nous sommes tous conscients de son obstination à faire en sorte que notre souvenir demeure vivant, et que nous l'en remercions. Merci de continuer à nous tendre la main. Sa voix est la seule véritable force qui nous permettra de sortir d'ici vivants, car c'est la voix qui demande des comptes. Merci, merci.

Combien de fois n'avons-nous pas senti que Juan Gassain comprenait notre souffrance, l'avait faite sienne et avait rendu cette épreuve plus légère grâce à la compagnie de milliers de Colombiens qui, eux aussi, comprennent et partagent notre sentiment de frustration et de désespoir. Dans les moments de solitude et d'abandon, nous avons senti l'intérêt et l'engagement des amis de Todelar, de L. Guillermo Troya et de toute son équipe. Ils ont toujours été là pour nous. Merci.

Je voudrais nommer tout le monde, mais je n'en ai plus le temps. Bonjour à J. G. Rios et à tous ceux qui nous ont accompagnés pendant toutes ces années.

Je ne voudrais pas terminer cette lettre sans envoyer un fraternel salut à monseigneur Castro et au père Echeverry. Ils se sont toujours battus pour nous. Ils ont toujours pris la parole quand le silence et l'oubli nous recouvraient plus que la jungle elle-même. Que Dieu les guide afin que très vite nous puissions parler de tout cela au passé. Et sinon, si Dieu en décide autrement, nous nous retrouverons au ciel et nous le remercierons pour son infinie miséricorde.

Mon cœur appartient aussi à la France. Et le « aussi » est de trop. *Ma douce France qui m'a tant donné**. Je dois revenir à l'espagnol pour ne pas créer des suspicions qui rendraient difficile l'acheminement de cette lettre. Quand je pense à Dieu, quand je pense qu'il nous bénit tous, je pense à la France. La Providence s'exprime par la sagesse et l'amour. Depuis le début de mon enlèvement, la France a été la voix de la sagesse et de l'amour. Elle ne s'est jamais avouée vaincue, elle n'a jamais accepté le passage du temps comme unique solution. Elle n'a jamais vacillé dans la défense de nos droits. Dans la nuit la plus noire, la France a été un phare. Quand il était mal vu de demander notre liberté, la France ne s'est pas tue. Quand ils ont accusé nos familles de faire du mal à la Colombie, la France les a soutenues et consolées.

Je n'arriverais pas à croire que nous pourrons recouvrer un jour la liberté si je ne connaissais

* En français dans le texte. (NdE.)

pas l'histoire de la France et de son peuple. J'ai demandé à Dieu qu'il m'insuffle la même force que celle avec laquelle la France a su supporter l'adversité, afin de me sentir plus digne d'être comptée parmi ses enfants. J'aime la France de toute mon âme, les racines de mon être cherchent à se nourrir des composantes de son caractère national, guidé par les principes et non par les intérêts. J'aime la France de toute mon âme, car j'admire ce peuple capable de se mobiliser car, comme le disait Camus, il sait que vivre, c'est s'engager. Aujourd'hui, la France s'est engagée aux côtés des otages de la jungle colombienne, comme elle l'a fait pour Aung San Suu Kyi ou pour Anna Politkovskaïa. Toujours en quête de justice, de liberté et de vérité. J'aime la France en toute lucidité, car elle est élégante dans sa constance afin de ne pas paraître opiniâtre, et généreuse dans ses engagements afin de ne pas sombrer dans l'obsession. Mon amour inconditionnel et éternel pour la France et pour le peuple français est l'expression de ma gratitude. Je ne suis pas digne, ni ne mérite l'attachement qu'il m'a témoigné, et je me sens bien peu de chose pour ne serait-ce qu'aspirer au soutien de tant de cœurs. Je me rassure en me disant que l'engagement de la France est celui d'un peuple pour un autre peuple qui souffre. C'est le droit d'aider d'autres êtres humains en proie à la douleur. C'est la décision d'agir face à l'inacceptable, parce que, en définitive, tout ce qui s'est passé ici est simplement inacceptable. Le président Chirac nous a accompagnés pendant des années. Toujours ferme, toujours clair, toujours plein de compassion. Lui et Dominique de Villepin, je les porte dans mon cœur. Toutes ces années ont été terribles, mais je crois que je ne serais plus en vie sans le soutien qu'ils nous ont apporté, à nous tous qui, ici, sommes des morts-vivants. Le président Sarkozy a décidé de profonds changements en France. Je suis persuadée que la force de ses convictions et la noblesse de ses sentiments éclaireront les cœurs et les esprits. Je sais que ce que nous vivons est plein d'incertitude, mais l'Histoire se fait selon un temps qui lui est propre. Et le président Sarkozy se tient sur le méridien de l'Histoire. Avec le président Chavez, le président Bush et la solidarité de tout le continent latino-américain, le miracle pourrait se produire. Pendant des années, j'ai pensé que tant que je serais en vie, tant que je respirerais, je garderais espoir. Je n'ai plus cette force, il m'est très difficile de continuer à croire, mais je veux que vous sachiez que ce que vous avez accompli pour nous a fait la différence. Nous nous sommes sentis des êtres humains. Merci.

*Mamita*, j'ai encore tant de choses à te dire. T'expliquer que je n'ai pas de nouvelles de Clara et de son bébé depuis longtemps. Demande à Pinchao qu'il te donne des détails, il te racontera tout. Il est important que tu accordes du crédit à ce qu'il te racontera et que tu aies la possibilité de prendre des distances. Je sais que tu as eu des contacts avec la maman de Marc Gonzalvez. C'est un être d'une grande qualité humaine. Dis à sa maman qu'elle lui envoie des messages par le biais de *Carrilera 5*: ils écoutent l'émission. Je crois que nous l'écoutons tous. Je suis maintenant avec un autre groupe, mais j'aime beaucoup Marc, et dis à Jo que son fils va bien.

Je ne veux pas te quitter. Dieu veuille que cette lettre te parvienne. Je te porte dans mon âme, ma petite *mamita* chérie. Une chose encore: qu'Astrid s'occupe de la partie économique (remise de prix ou autres choses du même genre). J'ai pensé aussi que puisque personne n'habite mon appartement, et que si on ne paye pas les traites, tu pourrais t'y installer. Ce serait un souci de moins. Si tu veux me dire quelque chose de personnel à la radio, dis-le en français afin que je comprenne de quoi il s'agit, et continue en espagnol, nous pourrions parler de « l'oncle Jorge » par exemple, et je comprendrai. *Mamita*, que Dieu nous vienne en aide, nous guide, nous donne la patience et nous protège. Pour toujours et à jamais. Ta fille.

**Ingrid Betancourt**, 15 h 34.

# Lettre de Mélanie et Lorenzo Delloye-Betancourt

Ma petite maman,

Ta lettre, ton immense lettre, nous est parvenue après tant de jours de séparation, de silence, d'attente, d'espoir. Elle est venue de si loin, au-delà de l'espace, au-delà du temps. Comme si une vie était passée entre nous. Pendant toutes ces années, je t'ai cherchée partout, dans mes souvenirs, dans nos combats. Pendant toutes ces années, j'ai cherché désespérément à communiquer avec toi, à te savoir vivante. Et, tout à coup, tu étais là. Si proche, si près de nous. En lisant ta lettre, j'ai retrouvé ta voix.

Dans cette jungle qui te retient, tout est loin, même le soleil. Tout fait mal, tout est inhumain. Pourtant, rien de plus vrai et de plus juste que les mots que tu as su trouver. Maman, tu nous as réveillés. Tes souffrances sont devenues les nôtres, ton désespoir est désormais notre urgence, ton amour et ton courage sont notre force. Aujourd'hui, je comprends ce que signifie être libre. Nous sommes tellement fiers de toi, maman. Toi qui souffres et te bats tous les jours dans l'humilité, toi qui trouves encore la force de refuser de jouer le jeu de tes ravisseurs, sois-en persuadée : tu nous grandis. Tu nous as tous grandis.

On ne pourrait écrire plus belle lettre d'amour à ceux que l'on aime. Je me blottis contre la douceur de tes mots, et je me le répète : « Tu es vivante ! Tu es vivante ! » Mais je sens aussi se réveiller en moi une angoisse trop forte. Maintenant que je te sens si proche, j'ai peur de te perdre à nouveau. Je n'ai qu'une envie, c'est de te serrer dans mes bras et de te dire : « Nous sommes là, maman ; nous nous battons pour te faire sortir de là. Tiens bon. Il y a tellement de beaux moments qui t'attendent. Tu nous verras encore grandir, Loli et moi. » Mais je ne peux pas te voir, je ne peux pas te toucher, je ne peux pas te tenir pour te réconforter. Alors, je me prépare, je choisis mes mots, je calme ma voix pour pouvoir te transmettre toute cette force et tout cet amour à travers les messages que je t'envoie à la radio.

Je suis tellement reconnaissante envers ma grand-mère qui, depuis le premier jour, a toujours été là, constante, t'envoyant un message par la radio, chaque nuit. Toujours, elle a été persuadée que tu pouvais nous entendre. Toujours, elle a été fidèle.

Grâce à toi, on ne pourra plus dire qu'on ne savait pas. Ta lettre dit toute la vérité sur ce que toi et tous les autres otages êtes en train de vivre. On ne pourra plus dire qu'on ne se rendait pas compte de l'urgence. Ta lettre est bien plus qu'un témoignage, bien plus qu'un appel. C'est une immense secousse. Dans ta prison, tu te bats plus que quiconque pour la liberté, celle de tous. Si aujourd'hui, les choses bougent, c'est grâce à toi. Je voudrais que tes mots empêchent de dormir les commandants des Farc et le président colombien, que Manuel Marulanda et Alvaro Uribe ne trouvent pas le sommeil avant d'avoir compris que, maintenant, vos vies doivent passer avant leurs bras de fer. Moi, en tout cas, je n'échappe plus à tes mots, où que j'aille, ils sont là, et je ne pourrai plus dormir avant de te retrouver auprès de moi.

En Colombie, ton appel a réveillé des milliers

de personnes, comme si, soudain, après toutes ces années, elles réalisaient que ces otages, là-bas, au fond de la jungle, étaient non seulement des êtres vivants mais aussi des gens comme eux, comme nous tous. J'ai eu l'impression que des milliers de personnes se reconnaissaient dans tes phrases et retrouvaient tout à coup la réalité des choses. Jusque-là, on alignait des chiffres : tant de centaines d'otages, tant d'années passées dans la jungle, tant de personnes dans les manifestations de protestation, tant de tentatives de libération ratées... Et soudain, toi, par ton courage, ta force, ton intelligence, tu viens rappeler l'évidence : tu es simplement une femme, une fille, une maman. Et par tes mots, tu rappelles que les autres otages, tous les autres, sont eux aussi des mères et des pères, des filles et des fils, des sœurs et des frères, qu'ils ont aussi une famille qui les attend.

J'espère qu'aujourd'hui, on a compris qu'il n'y a pas de fatalité. On ne peut plus dire : « Il n'y a rien à faire, on ne peut rien pour ces malheureux... » Non. Ta vie, la nôtre, nos rêves, nos bonheurs, à commencer par ce jour tant attendu où on pourra enfin te serrer dans nos bras, tout comme la vie, les rêves, les bonheurs de tous les autres otages, tout cela ne dépend finalement que de quelques personnes : les dirigeants des Farc, le gouvernement colombien avec qui ils demandent de dialoguer. Une poignée d'hommes, pas davantage.

Ces hommes-là n'ont aucune excuse. Ils ont eu tout le temps de réfléchir à leurs actes, ils ont pu les peser des milliers de fois. Peut-être attendent-ils, une fois encore, le « bon » moment ? Peut-être espèrent-ils une meilleure carte dans leur jeu ? Les joueurs pensent toujours qu'ils vont avoir une meilleure carte. Sauf qu'aujourd'hui, il n'y a plus de jeu. Il n'y aura plus d'autres parties. Alors, il faut que les Farc soient conscients que, dans les jours, les semaines qui viennent, leur décision fera l'Histoire. S'ils choisissent de faire un pas en avant pour la liberté des otages, cela restera inscrit comme tel. S'ils se disent qu'ils préfèrent attendre, pour obtenir plus, pour gagner davantage, parce qu'ils se sentent protégés par les séquestrés comme par un bouclier, ils perdront. Ce seront eux les grands perdants, et l'Histoire, là aussi, s'en souviendra.

Le président colombien, dont on aurait pu attendre plus de compassion, d'humanité, ou simplement de protection, a laissé, lui, passer toutes ces années en ne manifestant que de l'indifférence ou, pis, en construisant chaque fois de nouveaux obstacles pour faire échouer toutes les tentatives de parvenir à un accord. Sans cesse, nous nous sommes heurtés à différents types d'intérêts qui passaient avant la vie de ceux que nous aimions, tellement de prétextes pour nous expliquer que la situation était compliquée, qu'il fallait être patient, etc. Pourtant, si on admet que la priorité c'est de sortir des êtres humains de l'enfer, alors, les choses sont simples : il y a des preneurs d'otages qui s'appellent les Farc, et il faut négocier.

Dans ta lettre, tu évoques les États-Unis, les batailles qu'a menées Abraham Lincoln pour la liberté. Tu dis qu'il a dû lui aussi se heurter à des obstacles absurdes, à des Florida et des Pradera, ces deux communes que les Farc demandent à démilitariser pendant trente jours, en en faisant un préalable à la négociation. Cela paraît fou, mais c'est vrai, pendant ces longues années, tout s'est résumé à cela : une querelle sur un lieu. Ils parlaient à peine des modalités de l'échange, ils ne s'intéressaient qu'à l'endroit où ils allaient s'asseoir. Deux kilomètres carrés en plus ou en moins pour se rencontrer, voilà ce que vaut la vie de ceux que nous aimons ! Quel rapport de forces stupide ! J'espère aujourd'hui que ces prétextes ne pourront plus faire illusion, et que le gouvernement et les Farc seront contraints de revenir à la réalité. L'appui que nous a refusé le gouvernement colombien, nous l'avons trouvé ailleurs, dans le monde, en Amérique latine, en Europe et bien sûr en France qui, tu as raison, est à la hauteur de ses valeurs. Le président français, Nicolas Sarkozy, a fait de votre libération une priorité, et ne baisse pas les bras. Tant de gens se sont levés pour dire, tout simplement, qu'ils n'acceptent pas l'inacceptable, et font tout pour te libérer, toi et les autres otages.

Je me demande ce que tu penses de tout cela, maman, au fond de ta jungle, quand tu entends des bribes d'informations à la radio. Peut-être que tu n'y crois plus, que cela fait trop longtemps, qu'il y a eu trop d'espoirs brisés… Moi, j'y crois. Mais je sais que cela me dépasse. Il y a désormais tous ces yeux dirigés vers vous, ces regards qui s'indignent, ces consciences qui se réveillent, cette mobilisation qui grandit à travers le monde. Il faut que les Farc le comprennent : ils n'auront jamais une plus belle opportunité qu'aujourd'hui. Il faut que le président colombien le réalise : il a le pouvoir de faire revenir les otages, de faire en sorte que toi, maman, et tous les autres, vous retrouviez la vie. Oui, il en a le pouvoir. Et cela peut être une chance, pour lui aussi. Aujourd'hui, on peut encore te sauver. On peut vous sauver.

Maman, nous savons qu'il y a urgence. Nous savons que tu es à bout. Nous imaginons combien il est difficile de chercher encore une ultime parcelle de force pour aborder encore et encore une autre nuit de souffrance, une autre marche forcée dans l'enfer, d'autres humiliations. Nous le savons. Nous allons te sortir de là. Dans ces moments terribles de doute et d'abandon, dis-toi, je t'en supplie, qu'un peu plus loin, au-delà de la jungle, nous sommes là, nous pensons à toi, nous luttons pour toi. Un peu plus loin, juste un peu plus loin, derrière les cimes, des milliers de gens ne baissent pas les bras et s'activent pour te libérer au plus vite parce qu'ils se reconnaissent en toi, dans ton courage et dans ton combat, parce qu'ils te considèrent comme l'une des leurs, comme une mère, une sœur, une amie, et qu'ils sont déterminés à ne pas te laisser tomber.

Ta lettre, tes paroles incroyables ont agi comme un électrochoc. Les chefs d'État ont déclaré l'état d'urgence. L'Amérique latine tout entière se mobilise. La situation des otages en Colombie est devenue un enjeu de politique internationale majeur. Ta lettre a contribué à vous mettre en pleine lumière, et plus personne ne peut désormais vous ignorer.

Tu t'inquiètes pour nous, tes enfants, Loli, Sébastien et moi. Maman, ne t'inquiète pas pour nous. Nous nous battons, nous attendons ton retour, mais nous vivons aussi. Nous voulons que tu sois fière de nous quand tu reviendras. Ta force nous a toujours portés. À notre tour, maintenant, de te porter, de prendre soin de toi. C'est à Loli et moi de te donner ce que tu nous as donné : la conviction qu'il y a encore un tout petit peu d'énergie alors qu'on croyait avoir atteint le fond. Tu es résistante, courageuse, intelligente et forte. Je le sais, la résistance, le courage, la force ne sont pas infinis. Nous t'en demandons juste encore un peu. Juste un peu… Tu dois tenir, maman. Nos mots, qui te parviennent au goutte-à-goutte par la radio, seront ton énergie. Nos pensées, que nous t'envoyons en secret, seront ton réconfort. Nous ne te quittons pas, maman. Nous gagnerons. Je veux te revoir bientôt, retrouver ton sourire, ta joie de vivre. Il y aura de nouveau pour toi des livres, des rires et de la légèreté.

Cette lettre n'est pas une lettre d'adieu. C'est une lettre de retrouvailles. À bientôt, maman.

**Mélanie et Lorenzo**

# Notes

1. Jhon Frank Pinchao, un policier colombien, a été l'otage des Farc pendant presque neuf ans. Il a réussi à s'évader en mai 2007 après avoir marché dix-sept jours dans la jungle. Il a raconté avoir passé près de trois années de captivité en compagnie d'Ingrid Betancourt.

2. En juin 2007, les Farc ont annoncé la mort « dans des tirs croisés » de onze députés qu'ils avaient enlevés en 2002. Leurs familles avaient multiplié les tentatives de médiations dont certaines étaient très près de réussir.

3. Gabriel Betancourt, père d'Ingrid, qui fut ministre de l'Éducation nationale et ambassadeur de la Colombie à l'Unesco, était très proche de sa fille. Il est mort un mois, jour pour jour, après l'enlèvement de cette dernière.

4. Sébastien, fils du premier mariage de Fabrice Delloye.

5. Mélanie et Lorenzo Delloye, ses enfants.

6. Tous les dimanches, l'émission *Las Voces del secuestro* (« La Voix des séquestrés ») donne la parole aux familles des otages. Celles-ci se succèdent pour envoyer des messages en espérant qu'ils seront entendus dans la jungle.

7. Les neveux d'Ingrid.

8. Astrid, la sœur d'Ingrid.

9. Fabrice Delloye, son ex-mari et le père de ses enfants.

10. Juan-Carlos, le mari d'Ingrid.

11. Sénateur enlevé par les Farc en juin 2001.

12. Formule répétitive utilisée par les pratiquants de l'école bouddhiste japonaise Sakagakkai.

13. Deux communes dont les Farc exigent la démilitarisation du territoire afin d'en faire une zone de négociation pour un échange d'otages et de prisonniers, ce qui, pour eux, est un préalable à toute discussion.

*Pour tous contacts :* www.agirpouringrid.com
*et* www.betancourt.info

RÉALISATION : PAO ÉDITIONS DU SEUIL
IMPRESSION : NORMANDIE ROTO IMPRESSION S.A.S. À LONRAI (ORNE)
DÉPÔT LÉGAL : JANVIER 2008. N° 97773 (073904)
IMPRIMÉ EN FRANCE